Ce livre
de coloriage
appartient à :

Joyeuse Pâques

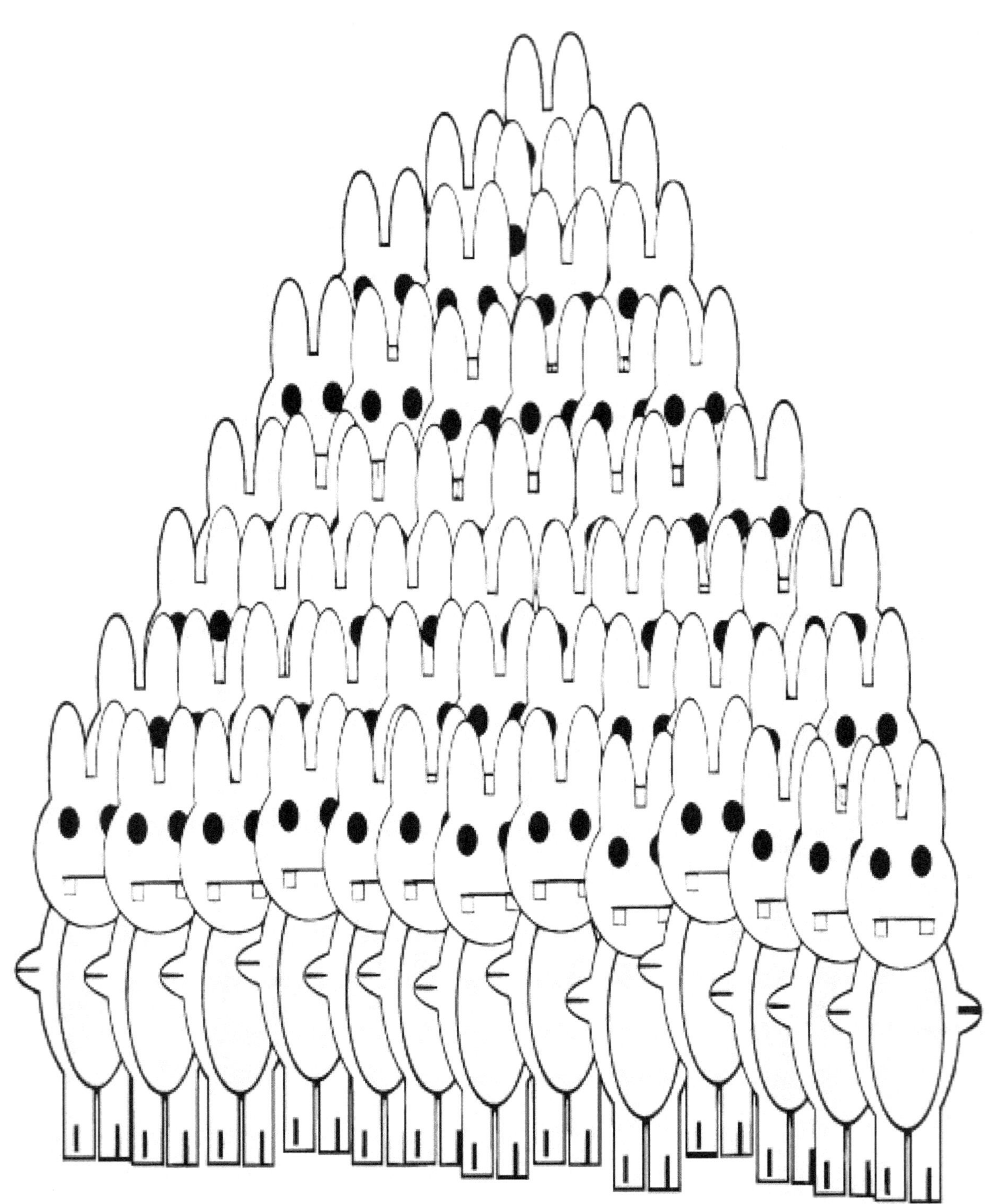

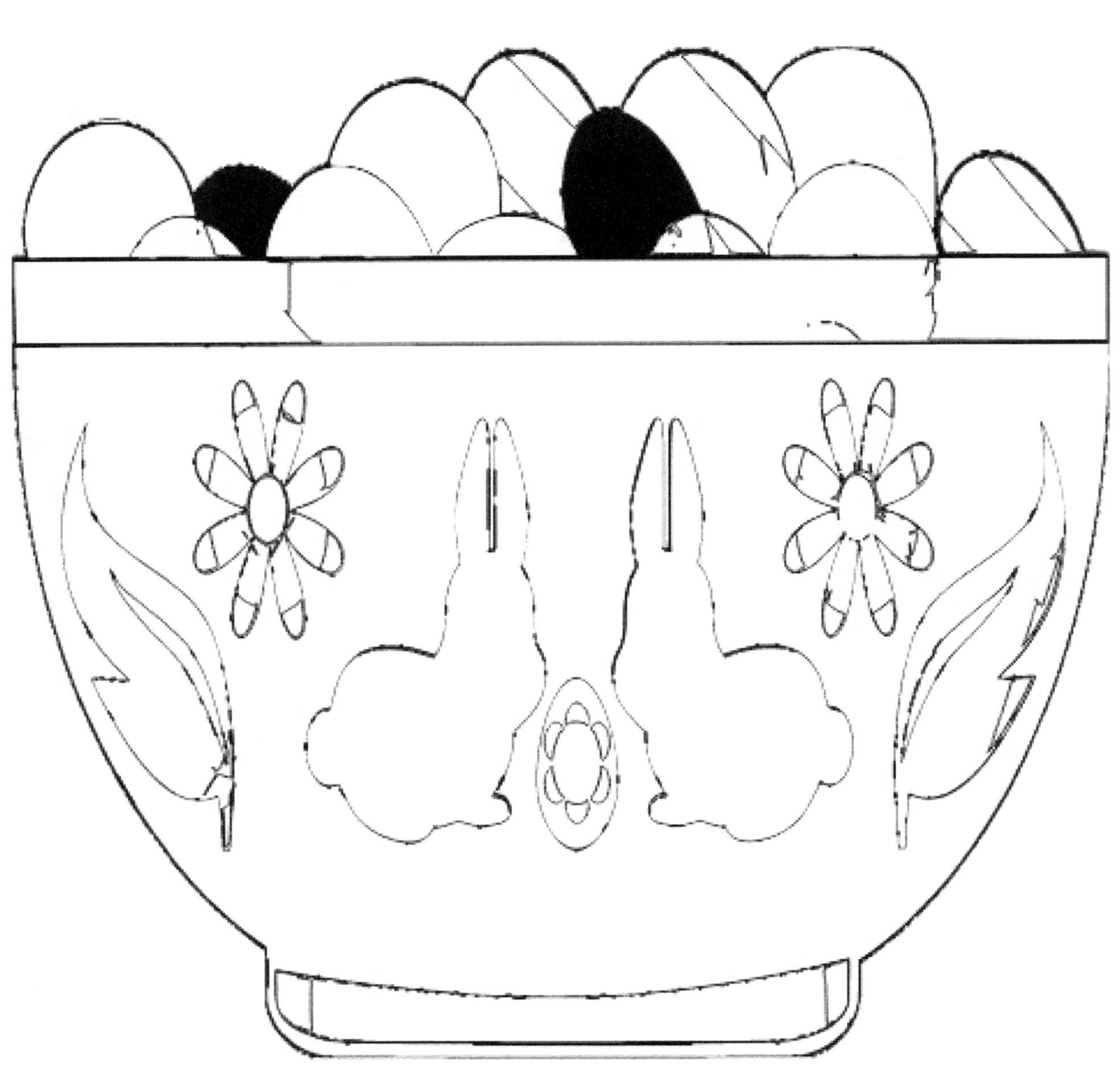

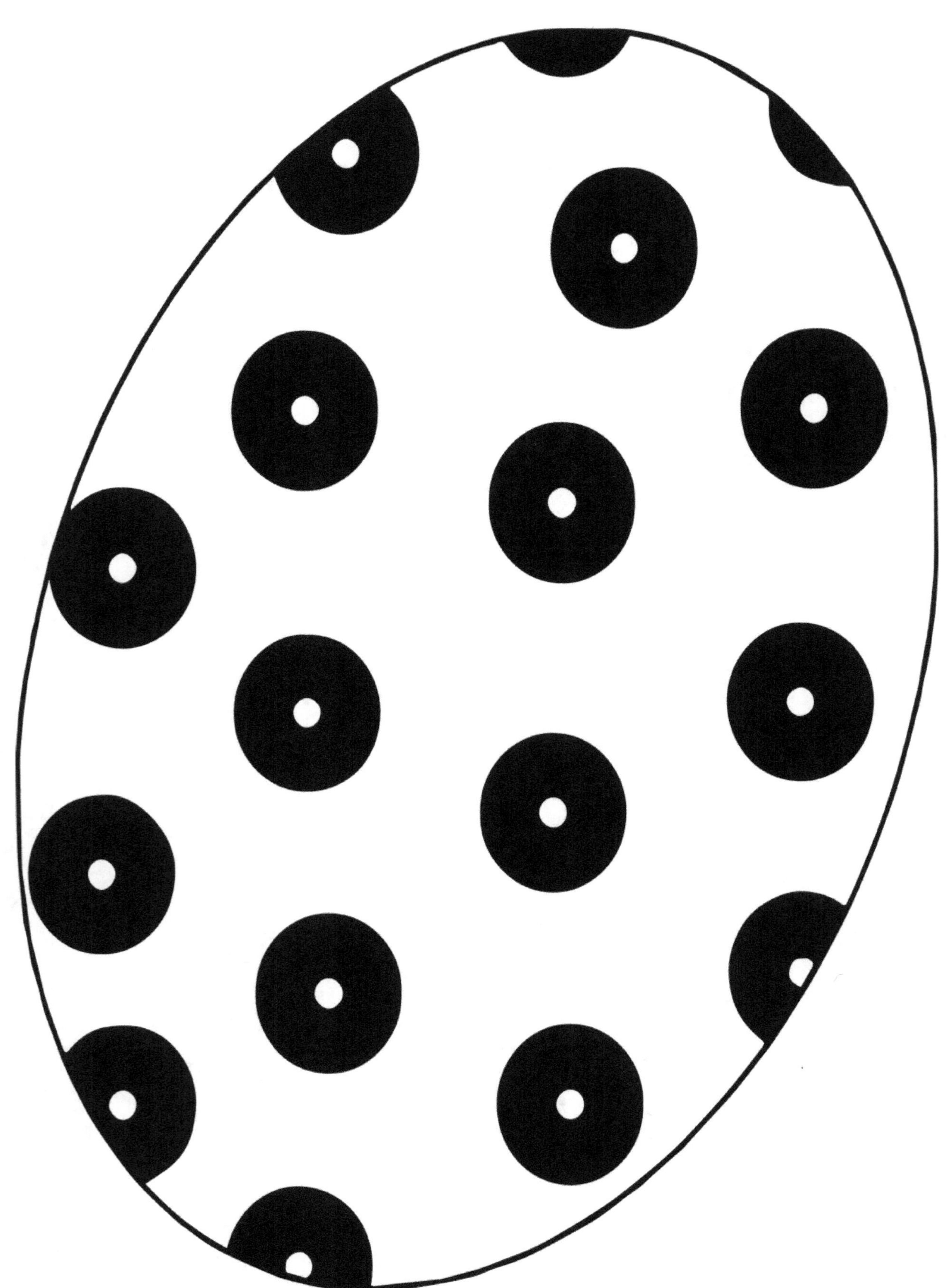

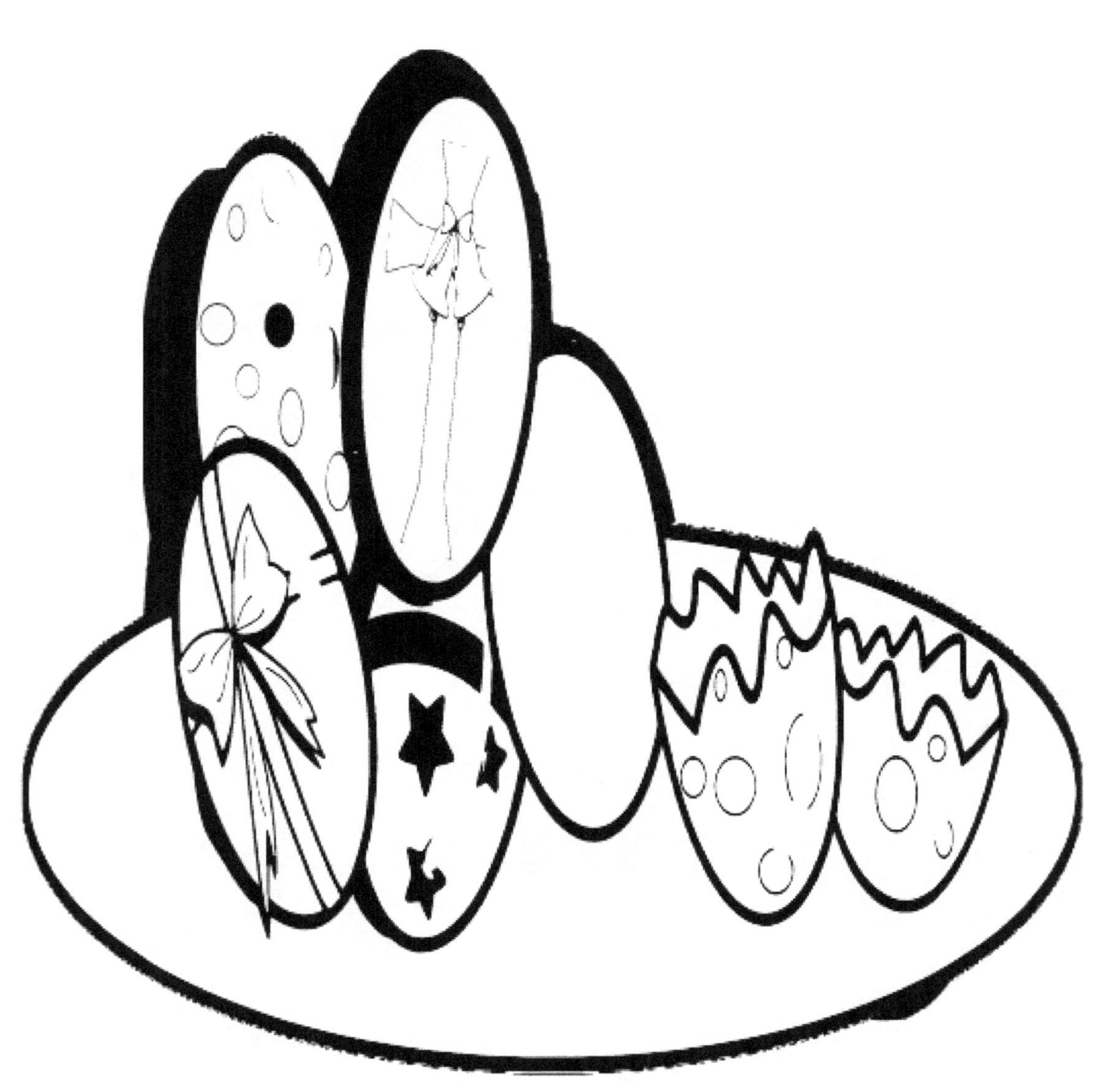

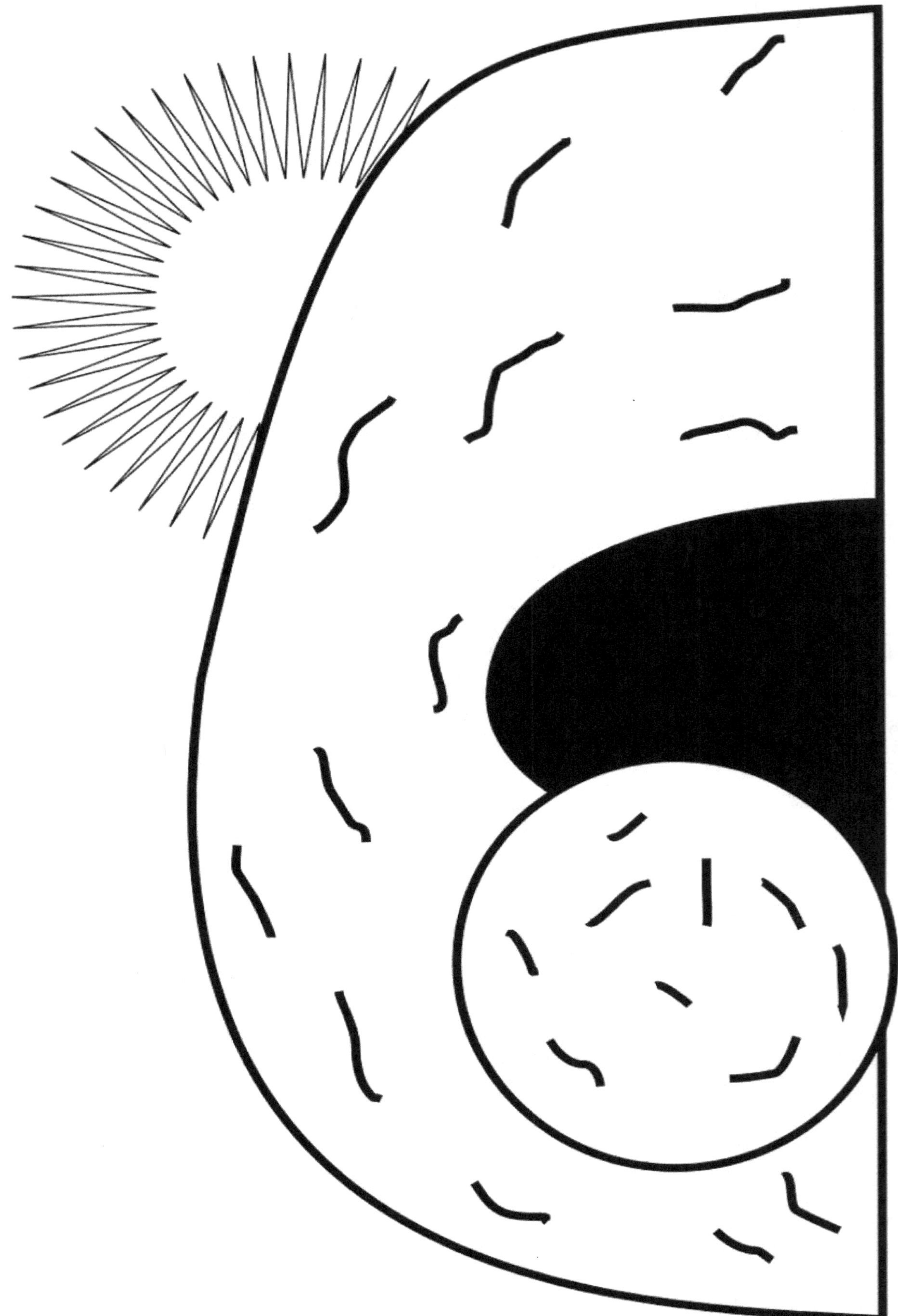

www.ingramcontent.com/pod-product-compliance
Lightning Source LLC
LaVergne TN
LVHW080817170826
845678LV00011B/2043

* 9 7 9 8 7 1 8 8 1 3 3 5 7 *